Christiane Kirsch
Todd Lubart
Claude Houssemand

Abordagem híbrida da criatividade: Artes, Ciência e Vida Cotidiana

Christiane Kirsch
Todd Lubart
Claude Houssemand

Abordagem híbrida da criatividade: Artes, Ciência e Vida Cotidiana

ScienciaScripts

Imprint

Cover image: www.ingimage.com

This book is a translation from the original published under ISBN 978-3-659-85355-5.

Publisher:
Sciencia Scripts
is a trademark of
Dodo Books Indian Ocean Ltd. and OmniScriptum S.R.L publishing group

120 High Road, East Finchley, London, N2 9ED, United Kingdom
Str. Armeneasca 28/1, office 1, Chisinau MD-2012, Republic of Moldova, Europe
Managing Directors: Ieva Konstantinova, Victoria Ursu
info@omniscriptum.com

Printed at: see last page
ISBN: 978-620-8-37577-5

Índice

Resumo

A investigação da especificidade de um domínio através de modelos estruturais é, sem dúvida, um dos temas mais inovadores da investigação sobre a criatividade. Enquanto a abordagem dominante concebe a criatividade como uma capacidade geral, uma abordagem mais recente concebe a criatividade como específica de um domínio. São frequentemente identificados três grandes domínios de expressão criativa: a arte, a ciência e a vida quotidiana. A abordagem híbrida concilia os paradigmas de domínio geral e de domínio específico, incluindo caraterísticas de domínio geral, de domínio específico e até de tarefa específica.

A presente investigação explorou a abordagem híbrida, que levanta a questão de saber até que ponto o perfil criativo pode ser generalizado entre domínios. O perfil criativo cognitivo-conativo foi investigado nos domínios da arte, da ciência e da vida quotidiana. O perfil criativo artístico dos arquitectos foi comparado com o perfil criativo científico dos cientistas sociais e com o perfil criativo quotidiano da população em geral. Foi administrado um teste de criatividade geral aos três grupos de teste (arquitectos, cientistas sociais e população em geral), de modo a comparar os seus perfis criativos. Para além disso, foi adicionado um teste de criatividade específico da população em cada amostra.

A abordagem diferencial da criatividade, integrando caraterísticas gerais e específicas do domínio, foi apoiada. Esta tese de doutoramento estabelece diferentes perfis criativos em relação a domínios específicos da expressão criativa. Tornou-se claro que os perfis dos arquitectos e dos cientistas sociais eram invertidos. Os arquitectos demonstraram o perfil esperado para a criatividade científica, enquanto os cientistas sociais demonstraram o perfil esperado para a criatividade artística. Tal como previsto, o perfil criativo quotidiano foi apresentado por pessoas da população em geral. Caracterizou-se pela abertura a novas experiências e, em menor grau, pela inteligência. A imagem do arquiteto psicologicamente conflituoso, por vezes mencionada na literatura, não foi apoiada.

Em vez disso, o conflito psicológico foi aqui associado a cientistas sociais criativos. As implicações e os limites destes resultados são discutidos mais adiante.

Agradecimentos

Antes de mais, gostaria de agradecer ao meu supervisor, o Prof. Dr. Claude Houssemand. Confiou em mim e encorajou o meu trabalho autónomo. Deu-me muitas responsabilidades, permitindo-me lecionar na Licenciatura em Psicologia e no Mestrado em Mediação. Ofereceu-me também apoio financeiro para viajar para várias conferências internacionais e para visitar um investigador nos Estados Unidos. Aprecio muito os seus profundos conhecimentos metodológicos e estatísticos. Assistir às suas aulas enquanto estudante de licenciatura preparou-me da melhor forma para a minha carreira de investigador.

Gostaria de agradecer ao meu co-orientador, o Prof. Dr. Todd Lubart, pelos seus preciosos conselhos teóricos e práticos. Quando vim para Paris, ele esteve sempre disponível para discutir a minha investigação em curso. Deu-me muitos comentários e feedback sobre as minhas futuras publicações e ajudou-me a finalizá-las.

Gostaria de agradecer ao Prof. Dr. Adrian Furnham, com quem colaborei durante três meses na University College London. Gostei particularmente das nossas trocas de impressões regulares sobre a minha investigação e temas psicológicos relacionados. Mesmo durante os fins-de-semana, ele estava disponível para me dar os seus preciosos conselhos. Aprecio a nossa colaboração contínua e estou grato pelas recolhas de dados que ele realizou para mim.

Gostaria de agradecer a Herie de Vries pela sua presença na nossa unidade de investigação. Era a única colega minha que estava a trabalhar num tema relacionado e com quem eu podia discutir a minha investigação. Gostei particularmente das nossas viagens comuns a conferências internacionais, onde passámos juntos momentos inesquecíveis.

Muito especialmente, gostaria de agradecer aos meus pais pelo seu apoio emocional, pelos seus conselhos preciosos e pela sua ajuda administrativa. Estou muito grato por me terem dado o apoio financeiro necessário para atingir este nível de ensino.

1. Enquadramento teórico

1.1 Definição consensual de criatividade

Sendo a criatividade um conceito difícil de apreender, a sua definição tem sido objeto de várias investigações e debates científicos. Embora a questão ainda não esteja resolvida, foi possível estabelecer uma definição consensual de criatividade. É consensual no sentido em que é aprovada pela maioria dos investigadores da criatividade. "Criatividade é a capacidade de realizar um resultado que é novo e útil" (Runco & Jaeger, 2012, p. 92). Para ser considerado criativo, um produto, ideia ou comportamento deve não só ser original, diferente e único (Bear, 1997; Sternberg, Kaufman, & Pretz, 2002), mas também utilizável, apropriado e aplicável num determinado contexto sociocultural (Plucker, Beghetto, & Dow, 2004).

Alargando esta definição, Miron, Erez e Naveh (2004) destacaram a inovação, a qualidade e a eficiência de um produto. Segundo os autores, a qualidade refere-se à conformidade com as regras e normas da disciplina, e a eficiência é definida como a capacidade de cumprir as restrições de tempo e orçamento. No que respeita à definição consensual, a inovação refere-se à originalidade de um produto, enquanto a qualidade e a eficiência podem ser referidas à adaptação aos constrangimentos da tarefa.

A definição de criatividade distingue entre as formas de criatividade "mini-c" (Kaufman & Beghetto, 2009), "little-c" (Plucker et al., 2004), "Pro-c" (Kaufman & Beghetto, 2009) e "Big-C" (Terman, 1924; Shurkin, 1992). De acordo com Silvia et al. (2014), "little-c" ou criatividade quotidiana refere-se às paixões criativas das pessoas comuns (produtos, ideias, comportamentos) e à sua busca ativa na vida quotidiana. Enquanto, segundo Kaufman e Beghetto (2009), a criatividade "mini-c" pode permanecer uma experiência intrapessoal que nunca é expressa, a criatividade "little-c" refere-se a uma expressão efectiva da criatividade.

A criatividade "mini-c" refere-se a uma "experiência, ação ou evento que é interpretado pelo próprio criador como sendo original e útil" (Beghetto & Kaufman, 2007, p. 73). É o que se entende geralmente pela noção de novidade subjectiva. É o nível mínimo para classificar um produto como original no quadro da investigação sobre a criatividade quotidiana (por exemplo, Boden, 1994; Kaufmann, 1993; Welsch, 1973). De acordo com Beghetto e Kaufman (2007), no nível "little-c", entram em jogo os critérios de novidade, utilidade e impacto externo. Enquanto que, segundo Kaufman e Beghetto (2009), a criatividade "Pro-c" se refere à criatividade de nível profissional que ainda não atingiu o estatuto de eminência, a criatividade "Big-C" refere-se exclusivamente à elite da criatividade genial. Nesta linha, Richards (1999b) referiu a criatividade eminente a criadores ou produções socialmente reconhecidos.

Dietrich (2004) associou as duas caraterísticas fundamentais da definição de criatividade, originalidade e utilidade, a redes neuronais distintas. A *originalidade* de uma produção é sustentada por toda a rede neuronal envolvida no processamento da informação. Uma vez que o ser humano necessita de se adaptar constantemente a ambientes em mudança, a implicação de toda a rede neuronal aumenta a probabilidade de produzir ideias novas. A *utilidade* da produção envolve estruturas corticais de ordem superior, incluindo o córtex pré-frontal. Estas estruturas permitem avaliar as regras sociais em constante mudança. Em conjunto, para produzir resultados criativos, a produção de ideias originais é completada pela avaliação crítica dessas ideias.

Uma investigação recente de Friedman e Forster (2002) confirmou o papel do córtex pré-frontal na flexibilidade cognitiva. A procura e a combinação de ideias originais são sustentadas pela capacidade de memória. Jung et al. (2010) associaram a originalidade (medida do pensamento divergente) e a utilidade (medida da realização criativa) de uma produção à espessura cortical. Ambos os elementos da criatividade (novidade e utilidade) foram alternativamente associados a uma maior ou menor espessura de massa cinzenta em várias regiões corticais, estendendo-se a diferentes lobos corticais e a ambos os hemisférios. Assim, não se pode concluir sobre a direção da relação entre criatividade e espessura cortical, uma vez que esta associação varia consoante as áreas corticais.

1.2 Especificidade das capacidades criativas

Na investigação sobre criatividade, existe um grande debate entre as abordagens geral e específica do domínio da criatividade. A abordagem específica de domínio teve as suas origens na década de 1980. De acordo com Plucker (1998), as evidências empíricas apoiam a abordagem específica de domínio (ver Quadro 1). Ambas as abordagens não se excluem necessariamente uma à outra. A abordagem diferencial ou híbrida da criatividade concilia as duas abordagens, permitindo a existência de caraterísticas gerais e específicas do domínio. De acordo com Lubart e Sternberg (1995), algumas caraterísticas cognitivas e conativas são mais gerais (p. ex., pensamento analógico ou metafórico, abertura), enquanto outras caraterísticas (p. ex., conhecimento, assunção de riscos) são mais específicas.

Quadro 1

Investigação empírica que apoia a abordagem específica do domínio

Estudo	**Participantes**	**Resultados**
Baer, 1993 (Divergent thinking and creativity: A task-specific approach)	Do segundo ano à idade adulta	Baixas correlações entre as realizações criativas avaliadas em diferentes domínios (poesia, narração de histórias e - escrita, puzzles matemáticos, colagens) em vários grupos etários
Baer, 1994a (O pensamento divergente	21 participantes no segundo ano	Não há correlações entre cinco tarefas de

não é uma caraterística geral: Uma experiência de formação multidomínios)		criatividade (contar histórias, escrever histórias, poesia, inventar problemas matemáticos verbais, colagens)
Baer, 1994b (Generalidade da criatividade em todos os domínios de desempenho: uma réplica)	66 raparigas e 62 rapazes no 8º ano	.19 correlação entre a originalidade dos poemas e das histórias escritas

Nas sociedades industrializadas actuais, é frequentemente a capacidade cognitiva (verbal e lógica) que permite o acesso a empregos criativos. Estas são avaliadas através de tarefas cognitivas tradicionais. As empresas só raramente utilizam testes de criatividade para a seleção de empregados. Dado que, segundo Sternberg e Lubart (1995), a capacidade cognitiva tem uma importância geral para a criatividade, esta é muitas vezes considerada como sendo geral.

A abordagem unidimensional considera que as mesmas caraterísticas permitem que as pessoas sejam criativas nas artes, na ciência, no comércio e na política. Baseia-se na observação de que os cientistas mais criativos têm actividades artísticas nos tempos livres e vice-versa e na semelhança parcial do perfil psicológico de artistas e cientistas (R. Root-Bernstein & Root-Bernstein, 2004). De acordo com Plucker e Beghetto (2004), a especificidade de domínio é apenas uma ilusão que resulta do investimento contínuo de tempo numa disciplina específica, necessário para atingir a especialização. Esta conceção enquadra-se na abordagem desenvolvimental (Silvia, Nusbaum, Berg, Martin, & O'Connor, 2009), segundo a qual as capacidades iniciais são gerais e as realizações resultantes específicas. De acordo com Kaufman e Beghetto (2009), a criatividade é geral no nível "small-c" e torna-se cada vez mais específica para a criatividade "Pro-c" e "Big-C".

A abordagem unidimensional é maioritariamente apoiada por estudos psicométricos (quantitativos) sobre diferenças individuais (e.g., Plucker, 2004) e por estudos sobre teorias implícitas de criatividade (Plucker & Zabelina, 2009). Plucker (2004) utilizou análises factoriais confirmatórias para testar a hipótese do efeito-método. A criatividade foi tratada como uma variável latente e os diferentes domínios funcionaram como indicadores (ciência, literatura, artesanato, música, artes performativas e artes visuais). Descobriu que este modelo geral é essencialmente suportado se a criatividade for medida através de uma abordagem psicométrica (quantitativa). O mesmo não acontece se a criatividade for avaliada através de uma abordagem mais qualitativa (subjectiva), como a técnica de avaliação consensual de Amabile (1982, 1983).

A abordagem unidimensional foi posta em causa por vários autores, como (inicialmente) Gardner (1983, 1988, 1993) e Sternberg (1999). Gardner sugeriu oito capacidades cognitivas distintas (linguística, artística, musical, científico-natural, interpessoal, intrapessoal e lógico-matemática). Concluiu que as pessoas criativas recorrem a diferentes formas de inteligência no seu processo de resolução criativa. Os estudos empíricos na abordagem por domínios específicos são frequentemente inspirados por teorias socioculturais (por exemplo, Sawyer, 2006) ou teorias sobre a resolução de problemas (por exemplo, Weisberg, 2006). Alguns estudos (por exemplo, Gray, 1966) não só defendem a abordagem específica do domínio, mas também a especificidade da tarefa num determinado domínio, por exemplo, nas artes (pintura e escultura).

1.3 Abordagem híbrida da criatividade

Lubart, Mouchiroud, Tordjman e Zenasni (2015) sublinharam que os resultados empíricos sobre a especificidade de domínio da criatividade em adultos permanecem ambíguos. Dependendo do domínio investigado ou das actividades dentro de um domínio, a variância partilhada entre as caraterísticas individuais do criador pode variar entre 0% e 50%. De acordo com Plucker e Zabelina (2009), os resultados empíricos apoiam tanto a abordagem geral do domínio como a abordagem específica do domínio. Por conseguinte, a reunificação dos dois paradigmas parece inevitável. De acordo com Silvia, Kaufman e Pretz (2009), a abordagem diferencial oferece um bom compromisso ao permitir caraterísticas gerais do domínio, específicas do domínio e até específicas da tarefa. Lubart e Guignard (2004) defendem que esta abordagem permite ter em conta a especificidade parcial do domínio. Existem vários modelos teóricos que se enquadram na abordagem híbrida (por exemplo, Amabile, 1983; Batey & Furnham, 2006; Kaufman & Baer, 2004, 2005; Sternberg & Lubart, 1991).

A teoria componencial de Amabile (1983) postula que a criatividade resulta de uma confluência de três componentes: (a) capacidades criativas gerais (pensamento divergente, estilos cognitivos e estilo de trabalho); (b) capacidades específicas do domínio (conhecimentos adquiridos, competências técnicas e talento); e (c) motivação para a tarefa, que pode ser geral ou específica.

A teoria dos parques de diversão (APT; Baer & Kaufman, 2005; Kaufman & Baer, 2004, 2005) inspira-se na organização de parques de diversão para concetualizar a dimensionalidade da criatividade. As disposições gerais de criatividade (e.g., inteligência, motivação) representam a temática global do parque, que é subdividida em diferentes secções. Estas secções representam os diferentes domínios da criatividade (e.g., artes, ciência), que são novamente subdivididos em subdomínios e microdomínios (e.g., ciência, física, biologia, psicologia; a física é ainda subdividida em diferentes disciplinas).

1.4 Teoria do investimento na criatividade

A teoria do investimento da criatividade (Sternberg & Lubart, 1991) conceptualiza a criatividade em quatro níveis diferentes: (a) recursos, (b) competências, (c) projectos, e (d) avaliação.

De acordo com Lubart et al. (2015), *os recursos* criativos pertencem a quatro categorias principais: (a) recursos cognitivos, (b) recursos conativos, (c) recursos afectivos e (d) recursos ambientais. Sternberg e Lubart (1995) consideram que a expressão da criatividade requer mais do que apenas a soma das suas partes. Uma simples confluência de recursos não é suficiente. Abaixo do limiar específico de um único recurso (por exemplo, o conhecimento), a criatividade não se pode manifestar, por mais pronunciados que sejam os outros recursos. A compensação entre recursos é limitada. Além disso, os recursos só actuam na presença dos outros e são determinados pelas suas interações. Isto significa que determinados recursos não contribuem apenas individualmente para a criatividade, mas também de forma sinérgica (por exemplo, inteligência e motivação elevadas).

De acordo com Sternberg e Lubart (1991), seis recursos criativos (processos intelectuais, conhecimento, estilo cognitivo, personalidade, motivação e ambiente) convergem de forma complexa para dar origem a *competências* criativas, que são específicas de cada domínio. As competências criativas não são totalmente independentes umas das outras, tendo em conta o facto de estarem correlacionadas entre si, pelo menos até certo ponto. A contribuição ideal de um determinado recurso depende do domínio de expressão.

Sternberg e Lubart (1991) consideram que *os projectos* criativos resultam da aplicação de competências específicas. Baseiam-se num compromisso entre a assunção de riscos e a diversificação de projectos e visam estabelecer um equilíbrio entre a originalidade e a aplicação potencial de uma produção.

Finalmente, segundo Sternberg e Lubart (1991), a *avaliação* de um produto baseia-se num consenso social, resultante do acordo entre diferentes juízes num contexto ambiental específico. Isto significa que o nível de criatividade de um artefacto é altamente dependente do ambiente sociocultural e dos juízes selecionados. O julgamento varia consoante o tempo e o lugar.

1.5 Representação de perfis típicos de criatividade em diferentes domínios

Batey e Furnham (2006) distinguiram três grandes domínios da expressão criativa: a criatividade artística, a criatividade científica e a criatividade quotidiana. A criatividade quotidiana refere-se às paixões criativas (produtos, ideias e comportamentos) das pessoas comuns e à sua busca ativa na vida quotidiana, no trabalho ou nos tempos livres (Richards, 1999a; Silvia et al., 2014). No que respeita à cognição, Batey e Furnham (2006) esperam que a inteligência fluida e cristalizada esteja envolvida nas três formas de expressão criativa. A associação esperada da criatividade com os traços de personalidade dos Cinco Grandes (Costa & McCrae, 1985, 1989, 1992) e dos Três Grandes (H. J. Eysenck & Eysenck, 1985) é mais específica do domínio. Os Big Five incluem a introversão/extraversão (E), a abertura (O), a amabilidade (A), o neuroticismo (N) e a conscienciosidade (C). A teoria dos Três Grandes distingue três grandes traços de personalidade: extroversão versus introversão (E), estabilidade emocional versus neuroticismo (N) e psicoticismo versus controlo dos impulsos (P). De acordo com Batey e Furnham (2006), a abertura é o traço de personalidade mais geral. Os outros traços são mais específicos do domínio.

Na secção seguinte, os correlatos cognitivos e conativos da criatividade são apresentados com mais pormenor. Enquanto que, no domínio cognitivo, a tónica é colocada na inteligência fluida e cristalizada, no domínio conativo é colocada na personalidade.

1.6 Abordagem cognitiva

A abordagem cognitiva investiga a inteligência (processamento de informação e QI) e o conhecimento em relação à criatividade. O conhecimento refere-se à informação armazenada na memória de longo prazo.

A distinção de Guilford (1950, 1968) entre pensamento divergente e convergente deu início ao debate sobre a potencial associação entre criatividade e inteligência. Binet e Henri (1896) introduziram as primeiras medidas do que hoje é conhecido como pensamento divergente. De acordo com Lubart et al. (2015), as inconsistências nos resultados sobre criatividade e inteligência abriram o debate sobre a existência de uma ligação entre as duas medidas. Daqui decorre que o principal objetivo da abordagem cognitiva é a exploração da intersecção entre as medidas de pensamento criativo e as medidas de inteligência geral, como o QI.

A inteligência, medida sob a forma de processos executivos (e.g., inteligência fluida, memória de trabalho, inibição cognitiva) e processos associativos (e.g., distância semântica), foi empiricamente associada ao pensamento criativo divergente (Beaty, Silvia, Nusbaum, Jauk, & Benedek, 2014; Benedek, Jauk, Sommer, Arendasy, & Neubauer, 2014). Uma meta-análise (Kim, 2005) estabeleceu uma associação fraca, mas confiável, entre criatividade e inteligência ($r = .17$). No entanto, a associação entre criatividade e inteligência foi considerada mais forte se forem consideradas variáveis latentes de ordem superior (por exemplo, Silvia, 2008a, 2008b; Nusbaum & Silvia, 2011).

1.7 Abordagem conativa

A abordagem conativa investiga a personalidade, os estilos cognitivos e a motivação (intrínseca/extrínseca) em relação à criatividade.

De acordo com Batey e Furnham (2006), é amplamente reconhecido que a personalidade explica um quarto a um terço da variância da criatividade. Seis traços de personalidade foram frequentemente considerados como estando relacionados com a criatividade: perseverança, assunção de riscos, individualismo, tolerância à ambiguidade, abertura a novas experiências e psicoticismo. Os Cinco Grandes Traços também foram frequentemente investigados em relação à criatividade.

As pessoas criativas incorporam traços de personalidade por vezes "contraditórios", como o psicoticismo e a força do ego ou a introversão e a extroversão. "As pessoas com elevado grau de psicoticismo são frias, impessoais, hostis, não emotivas, pouco susceptíveis de ajudar os outros" (Tamisier, 1999, p. 758). Uma pessoa com um elevado nível de ego-força é "muito segura de si, tem uma vontade forte e é resistente em resposta à frustração" (Colman, 2001, p. 241). A introversão-extraversão é uma dimensão da personalidade na qual as pessoas são diferenciadas de acordo com a sua orientação "para dentro", para si próprias, ou "para fora", ou seja, para outras pessoas e objectos" (Tamisier, 1999, p. 360). Embora as pessoas criativas sejam predominantemente introvertidas, também manifestam certas caraterísticas de extroversão, como a dominância (Eysenck, 1995). Para além disso, as pessoas criativas podem ser capazes de alternar entre ambas as tendências (Fidelman, 2008).

1.8 Abordagem multivariada

Desde os anos 80, a criatividade tem vindo a ser progressivamente considerada segundo uma abordagem multivariada. Batey e Furnham (2006) definem a criatividade como uma síndrome dos seguintes recursos:

(1) Atributos do produto, que é, por definição, novo e útil para um grupo sociocultural específico.

(2) Atributos da pessoa que realiza o produto.

(3) Atributos da pessoa que avalia o produto.

(4) Atributos do ambiente do criador e dos juízes. Referem-se à fonte de avaliação, à fonte de apoio ou financiamento e à fonte de estímulo ou inspiração.

Lubart et al. (2015) sintetizaram os principais fatores da abordagem multivariada em um modelo geral. Segundo Lubart (1999), a associação e a interação entre os fatores variam de acordo com as respectivas teorias.

De acordo com a abordagem multivariada (Lubart et al., 2015), o perfil cognitivo, conativo e emocional de uma pessoa específica interage com os requisitos criativos de um determinado domínio. Isto determina o *potencial criativo* de um indivíduo num determinado domínio. Este perfil pessoal varia entre indivíduos e é, em certa medida, específico de um domínio e mesmo de uma tarefa. Os factores cognitivos incluem a inteligência, sob a forma de QI, e os conhecimentos e competências específicos de um domínio. Os factores conativos incluem os estilos cognitivos, a personalidade e a motivação. As emoções podem influenciar a produção criativa de duas formas diferentes. De acordo com Freud (1908/1959), o trabalho criativo pode, por um lado, servir para exprimir emoções como o amor, a raiva ou a tristeza. Por outro lado, a atividade criativa pode transformar as emoções existentes. A interação entre factores cognitivos, conativos e emocionais pode potencialmente resultar numa *produção criativa*. O valor deste resultado é avaliado pelo respetivo contexto social, que inclui o ambiente familiar, escolar e profissional e, a um nível macro, a sociedade e a cultura. A extensão do impacto externo sublinha a relatividade sociocultural de um produto criativo. Enquanto a cultura ocidental coloca a tónica no resultado criativo, a cultura oriental ou asiática honra o processo criativo. Na sua conceção, o processo criativo está intimamente ligado à auto-descoberta e é sustentado pela meditação.

Já Eysenck (1993) distinguia claramente entre (a) a criatividade como potencial ou estilo cognitivo que pode ser medido por testes psicométricos e (b) a criatividade como desempenho artístico ou científico genuíno. Enquanto considera que o potencial criativo é uma caraterística normalmente distribuída na sociedade, o mesmo não acontece com o desempenho criativo. São proporcionalmente poucas as pessoas que conseguem exprimir o seu potencial em termos de um verdadeiro desempenho. Esta é a razão pela qual a correlação entre o potencial criativo e o desempenho criativo não é muito elevada. Eysenck (1993) referiu este efeito a (a) circunstâncias socioculturais e económicas desfavoráveis, (b) falta de capacidade cognitiva, ou (c) uma personalidade que não favorece a realização criativa. A falta de persistência ou de motivação pode ser a sua causa. Eysenck (1993) concluiu que a criatividade enquanto traço de personalidade ou potencial é uma condição necessária mas não suficiente para o desempenho criativo. No entanto, este facto não deve desencorajar os investigadores de medirem o potencial criativo, que é um requisito fundamental para o desempenho criativo. A investigação da associação entre potencial criativo e desempenho é, de facto, um dos principais interesses da investigação sobre criatividade.

Para concluir, atualmente a criatividade é considerada um constructo multidimensional, que pode ser avaliado de diferentes perspectivas: como um traço de personalidade, um processo mental (pensamento divergente), ou um desempenho real, referente à quantidade de trabalho criativo realizado durante toda uma vida.

1.9 Investigação sobre a abordagem multivariada da criatividade

Batey e Furnham (2006) sugeriram que os futuros estudos sobre criatividade deveriam adotar uma abordagem multitraço e multimétodo. No entanto, existe ainda um número limitado de estudos que adoptaram este tipo de abordagem.

Feist e Barron (2003) efectuaram um estudo longitudinal com 80 homens pós-graduados. Previram a criatividade na idade adulta tardia através de medidas cognitivas e conativas no início da idade adulta. Os factores de previsão foram a inteligência (capacidades mentais primárias, inteligência espacial e numérica), o intelecto avaliado pelos pares, o potencial criativo e a personalidade (por exemplo, autoconfiança, tolerância, abertura, mentalidade psicológica e introversão). Verificou-se que as três medidas co-variaram com a criatividade aos 27 anos e foram preditores significativos da criatividade ao longo da vida. A personalidade (tolerância e mentalidade psicológica) acrescentou uma variação única na previsão da criatividade aos 72 anos (20%), para além do intelecto e do potencial criativo. Os autores atribuem este resultado à natureza não-intelectiva da personalidade.

Furnham, Batey, Anand e Manfield (2008) examinaram a associação entre inteligência fluida, os Cinco Grandes Traços, hipomania e criatividade em 128 estudantes. A hipomania é uma "forma reduzida de excitação maníaca" (Tamisier, 1999, p. 435). Para medir os diferentes aspectos do pensamento criativo, foram utilizados os três instrumentos de medição seguintes: Teste de Pensamento Divergente (DT) de Guilford (1967); Autoavaliação da Criatividade (SR) e Inventário Biográfico de Comportamento Criativo (BICB). O BICB avalia a criatividade quotidiana e a realização criativa. Uma combinação de traços hipomaníacos e inteligência fluida foi considerada o mais forte preditor do pensamento divergente, em termos de fluidez. Explicou 11% da variância. Dependendo do instrumento de medição da criatividade, os cinco grandes traços de personalidade acrescentaram uma validade incremental de 5% a 8%. Furnham e Bachtiar (2008) previram a criatividade com base nos cinco grandes traços de personalidade e numa medida de inteligência (Wonderlic Personnel Test).

A criatividade foi avaliada através dos mesmos quatro instrumentos de medição utilizados no estudo anteriormente descrito, para além da Escala de Arte de Barron-Welsh (BWAS).

A extroversão foi um fator de previsão significativo das quatro medidas de criatividade. Os cinco grandes traços de personalidade explicaram 47% da variação do pensamento divergente. A inteligência não acrescentou qualquer validade incremental. Por último, a correlação entre criatividade e personalidade variou consoante o instrumento de medição da criatividade. Batey, Furnham e Safiullina (2010) exploraram a influência da inteligência fluida (gf), da inteligência cristalizada (gc) e dos cinco grandes traços de personalidade na criatividade. Eles usaram as mesmas ferramentas de medição da criatividade que no estudo descrito anteriormente. No entanto, substituíram o BWAS pelo Rated Creativity/Rated DT. Acrescentaram também uma pontuação total para a criatividade. Enquanto a inteligência fluida foi um fator de previsão significativo da criatividade do pensamento divergente, a personalidade foi um fator de previsão significativo da criatividade auto-avaliada e do desempenho criativo. Batey, Chamorro-Premuzic e Furnham (2009) previram a fluidez do pensamento divergente por meio da inteligência (QI, inteligência fluida [gf] e inteligência cristalizada [gc]) e dos cinco grandes traços de personalidade. O primeiro estudo examinou a validade incremental do QI e da inteligência fluida juntamente com os traços de personalidade dos Cinco Grandes na previsão do pensamento divergente (tarefa Usos Incomuns de Guilford, 1967). O segundo estudo testou a validade incremental da inteligência fluida e cristalizada juntamente com os cinco grandes traços de personalidade na previsão do pensamento divergente (Thurston's Word Fluency Test TWF, 1938; Guilford's Unusual Uses task, 1967; Guilford's Consequences test, 1967). Em ambos os estudos, a capacidade intelectual foi mais importante do que a personalidade para a previsão da criatividade do pensamento divergente. Entre as três medidas de inteligência, a inteligência cristalizada foi o preditor mais importante da criatividade. De acordo com os autores, este facto é favorável à teoria introduzida por Mednick (1962), segundo a qual a criatividade resulta da associação de ideias díspares. Os criadores utilizam a sua inteligência fluida para uma recombinação efectiva do conhecimento geral (inteligência cristalizada). Isto dá origem a ideias criativas. No que respeita à personalidade, a extroversão teve a associação mais forte com a criatividade do pensamento divergente. Este resultado está associado ao aumento da procura de sensações e da impulsividade nas pessoas extrovertidas. Por fim, a administração colectiva dos testes de criatividade favorece as pessoas extrovertidas, que podem demonstrar melhor o seu verdadeiro potencial. Furnham, Crump, Batey e Chamorro-Premuzic (2009) previram a criatividade do pensamento divergente (o Teste das Consequências) através da personalidade (Big Five, MBTI, Hogan Development Survey [HDS]) e da inteligência (Graduate and Managerial Assessment [GMA], Watson-Glaser critical thinking appraisal [WG]) em 3000 gestores. Enquanto os cinco grandes traços de personalidade explicaram 10% da variação do pensamento divergente, os quatro grandes traços de personalidade (MBTI) explicaram apenas 5% da variação. O MBTI inclui a extroversão/introversão, a sensibilidade/intuição, o pensamento/sentimento e o julgamento/perceção. Em conjunto, o sexo, a inteligência e a personalidade explicaram 12% da variação. Os homens inteligentes, estáveis, abertos e extrovertidos tiveram as pontuações de criatividade mais elevadas.

Quadro 2

Estudos sobre a abordagem multivariada da criatividade

Estudo	**Preditores significativos de criatividade**
(Feist & Barron, 2003) Previsão da criatividade desde o início até ao final da idade adulta: intelecto, potencial e personalidade	• potencial criativo • inteligência (capacidades mentais primárias, inteligência avaliada pelos pares) • personalidade (auto-confiança, submissão, tolerância, intelecto)
(Furnham et al., 2008) Personalidade, hipomania, inteligência e criatividade	• DT: inteligência fluida e hipomania (11%) • SR: hipomania (17%) e Big Five (5%) (abertura) • Pontuação total da criatividade: hipomania (15%) e Big Five (13%) (abertura, extroversão, (-) agradabilidade)
(Furnham & Bachtiar, 2008) A	• DT: Big Five (47%) (extroversão e abertura)

personalidade e a inteligência como factores de previsão da criatividade	• BICB: Big Five (16%) (extroversão) • SR: Big Five (4%) (extroversão) • BWAS: Big Five (3%) (extroversão)
(Batey et al., 2010) Inteligência, conhecimentos gerais e personalidade como factores de previsão da criatividade	• DT: inteligência fluida • BICB: Big Five (abertura) • SR: Big Five (abertura) • Pontuação total da criatividade: inteligência fluida e Big Five (abertura)
(Batey et al., 2009) A inteligência e a personalidade como factores de previsão do pensamento divergente:	• DT (estudo 1): inteligência fluida, extroversão e (-) amabilidade (31%) • DT (estudo 2): inteligência cristalizada (4%)
O papel da inteligência geral, fluida e cristalizada	
(Furnham et al., 2009) Preditores de personalidade e capacidade do teste "Consequências" de divergência pensamento numa grande amostra não-estudantil	- DT: extroversão, inteligência fluida, (-) diligência e imaginação (12%)

Nota. DT: Divergent Thinking (pensamento divergente); SR: Self-Rating of Creativity (autoavaliação da criatividade); BICB: Biographical Inventory of Creative Behaviour (inventário biográfico do comportamento criativo); BWAS: Barron-Welsh Art Scale (escala artística de Barron-Welsh)

2. Estado da arte e questão de investigação

De acordo com Batey e Furnham (2006), um dos limites mais sérios da investigação sobre criatividade é a omissão da consideração do domínio de atuação. A abordagem de domínio específico ou diferencial baseia-se essencialmente em conceptualizações teóricas (e.g., Amabile, 1983; Batey & Furnham, 2006; Kaufman & Baer, 2004, 2005; Sternberg & Lubart, 1991) e é empiricamente pouco investigada. Lubart et al. (2015) salientam que cada nova contribuição é benéfica para a especificação do domínio do perfil criativo. Na análise da especificidade do domínio, é importante ter em conta que também existe alguma variabilidade dentro de um domínio profissional (por exemplo, um poeta não pode ser comparado a um romancista, embora ambos pertençam ao domínio da literatura). As variáveis cognitivas e conativas intervêm de forma diferente no processo criativo em todos os domínios e subdomínios criativos.

Foram efectuados alguns estudos para investigar separadamente os perfis cognitivos e conativos dos artistas, dos cientistas e da população em geral. No entanto, não foram feitas comparações diretas dos perfis criativos, apesar de tais comparações terem sido teoricamente propostas (e.g., Batey & Furnham, 2006). Do ponto de vista metodológico, as pesquisas anteriores baseavam-se principalmente em testes gerais de criatividade e não levavam em conta a natureza do produto criativo. A nível estatístico, os estudos baseavam-se sobretudo em testes de comparação de médias (artistas/cientistas versus não artistas/não cientistas ou artistas/cientistas criativos versus artistas/cientistas menos criativos) (Feist, 1998; Feist & Gorman, 1998) e em regressões múltiplas na população em geral (Batey et al., 2009; Batey et al., 2010; Furnham & Bachtiar, 2008; Furnham et al., 2008). No entanto, não utilizaram análises estatísticas mais elaboradas, como a modelação de equações estruturais. Mesmo que um modelo desse tipo já tenha sido proposto para a criatividade em geral (p. ex., Eysenck,

1993), ele ainda não foi testado empiricamente nem especificado para domínios específicos da expressão criativa. A investigação de Jauk, Benedek e Neubauer (2014) é a única exceção. Os autores desenvolveram um modelo estrutural para a previsão da criatividade quotidiana.

Embora a criatividade não seja um fenómeno que transcenda o domínio, segundo Baer (1998), os modelos gerais podem parecer mais satisfatórios. No entanto, Batey e Furnham (2006) sublinham que a chave para a investigação da especificidade do domínio reside em modelos multivariados específicos do domínio, meta-análises e investigação longitudinal.

3. Objectivos de investigação e inovação

A presente pesquisa investiga a abordagem diferencial (híbrida) da criatividade, especificamente a proposta por Batey e Furnham (2006). Isto é realizado através do cálculo de modelos de equações estruturais, que são específicos para os domínios da expressão criativa: artes, ciência e vida quotidiana. Nestes domínios, são explorados os perfis criativos cognitivos e conativos típicos. A criatividade artística é investigada entre os arquitectos, a criatividade científica entre os cientistas sociais e a criatividade quotidiana na população em geral.

Uma vez que a investigação anterior que utilizou a abordagem multivariada se concentrou principalmente em artistas e cientistas naturais, a presente investigação centra-se em subamostras profissionais relativamente pouco exploradas: arquitectos e cientistas sociais. Isto tem em conta a potencial variabilidade dos perfis criativos dentro dos subdomínios profissionais e, eventualmente, permite a generalização dos resultados anteriores. Para finalizar a investigação, os perfis criativos das três populações (arquitectos, cientistas sociais, população em geral) são comparados pela primeira vez. A natureza do produto criativo é tida em conta através da utilização de instrumentos de medição específicos para cada população. É desenvolvido um teste específico para a investigação da criatividade científica em psicologia experimental. Trata-se de uma verdadeira inovação no domínio da avaliação da criatividade científica, que até agora se centrava exclusivamente nas ciências naturais.

4. Hipóteses

As hipóteses de investigação baseiam-se essencialmente na representação de perfis típicos de criatividade em diferentes domínios feita por Batey e Furnham (2006). Esta conceção teórica inspira-se na abordagem híbrida da criatividade, que inclui caraterísticas gerais e específicas do domínio. Enquanto que, segundo Batey e Furnham (2006), a inteligência (fluida e cristalizada) tem uma importância geral de domínio no domínio cognitivo, é a abertura a novas experiências que tem uma importância geral de domínio no domínio conativo. As restantes caraterísticas de personalidade têm uma importância mais específica no domínio da criatividade. A expressão artística distingue-se pela presença de grandes tendências psicopatológicas (neuroticismo e psicoticismo). Este pressuposto foi apoiado empiricamente por Feist (1998). Por outro lado, a expressão científica requer uma acentuada estabilidade emocional (baixo neuroticismo). Feist e Gorman (1998) apoiaram empiricamente este pressuposto. Por último, a expressão criativa quotidiana depende de uma extroversão e de uma amabilidade acentuadas.

- H1: Enquanto a inteligência e a abertura têm uma importância geral no domínio da criatividade, as restantes caraterísticas da personalidade (neuroticismo/ego-força, extroversão/introversão, agradabilidade, conscienciosidade e psicoticismo) têm uma influência mais específica no domínio.

- H2: Para a criatividade artística dos arquitectos, espera-se uma correlação positiva entre o potencial criativo e a inteligência fluida (raciocínio lógico), a abertura, a força do ego (baixo neuroticismo) e o psicoticismo.

- H3: Relativamente à criatividade científica dos cientistas sociais, espera-se uma correlação positiva entre o potencial criativo e a inteligência (fluida e cristalizada), a abertura, a força do ego (baixo neuroticismo), a introversão, a baixa agradabilidade e o psicoticismo.

- H4: Para a criatividade quotidiana na população em geral, espera-se uma correlação positiva entre o potencial criativo e a inteligência (fluida e cristalizada), a abertura, a força do ego (baixo neuroticismo), a extroversão, a agradabilidade e a conscienciosidade.

5. Conceção da investigação

No quadro seguinte, é apresentada uma panorâmica dos diferentes estudos, a fim de visualizar a sua ordem cronológica.

Quadro 3

Conceção da investigação

<table>
<tr><th>Criatividade artística</th><th>Criatividade científica</th><th>Criatividade quotidiana</th></tr>
<tr><td>Arquitectos</td><td>Cientistas sociais</td><td>População em geral</td></tr>
<tr><td colspan="3">Comparação do perfil criativo das três populações</td></tr>
<tr><td colspan="3">Comparação das técnicas de avaliação do teste de criatividade geral (TCT-DP) nas três populações</td></tr>
</table>

6. Discussão

As hipóteses são consideradas separadamente para discussão.

- H1: Enquanto a inteligência e a abertura têm uma importância geral no domínio da criatividade, as restantes caraterísticas da personalidade (neuroticismo/ego-força, extroversão/introversão, agradabilidade, conscienciosidade e psicoticismo) têm uma influência mais específica no domínio.

Na presente investigação, foi possível fazer dois tipos de comparação para os perfis criativos: (a) para diferentes formas de expressão criativa (artística, científica e criatividade quotidiana) e (b) para diferentes populações (arquitectos, cientistas sociais e população em geral), devido ao teste geral de criatividade.

No que diz respeito à comparação das três formas de expressão criativa, a inteligência e a abertura tiveram uma influência mais geral, enquanto a força egóica, a amabilidade, o neuroticismo e a conscienciosidade foram mais específicos. Os restantes traços de personalidade (extroversão/introversão e psicoticismo) estiveram menos envolvidos na criatividade ao longo das diferentes formas de expressão. No que diz respeito à comparação das diferentes populações, a inteligência fluida teve uma importância geral no domínio da criatividade, enquanto a influência da força do ego, do psicoticismo, do neuroticismo e da agradabilidade foi muito específica do domínio. A força do ego esteve positivamente envolvida na criatividade dos estudantes de arquitetura e negativamente envolvida na criatividade dos estudantes de ciências sociais. As implicações deste resultado atrativo são discutidas a seguir.

A abertura foi importante para a criatividade na população em geral, mas menos importante em amostras profissionais específicas (arquitectos e cientistas sociais). No que diz respeito a

Batey e Furnham (2006), isto apoia o envolvimento da abertura na criatividade quotidiana, mas não na criatividade artística e científica.

A extroversão/introversão e a conscienciosidade estavam menos envolvidas na criatividade nas três populações. Os resultados confirmaram a hipótese inicial (H1), que se baseava numa abordagem híbrida da criatividade (ver Figura 1). Estão de acordo com a conceção de Batey e Furnham (2006), que sugere a importância geral da inteligência fluida e a importância específica do domínio da força do ego, do psicoticismo, do neuroticismo e da amabilidade. No entanto, os papéis da força do ego e do neuroticismo foram contrários às expectativas. Os presentes resultados associaram os arquitectos mais ao "perfil criativo científico" e os cientistas sociais mais ao "perfil criativo artístico", seguindo Batey e Furnham (2006). Assim, os perfis criativos típicos artísticos e científicos sugeridos não podem ser generalizados a arquitectos e cientistas sociais criativos. Isto está de acordo com o pressuposto de Simonton (2009), segundo o qual as caraterísticas dos profissionais criativos nas ciências sociais estão mais próximas das dos artistas. Além disso, mesmo que a arquitetura pertença às disciplinas artísticas (Feist, 1999; Simonton, 2009) e as ciências sociais às subdisciplinas científicas (Feist, 1999), ambas as disciplinas foram por vezes consideradas como construindo uma ponte entre as artes e as ciências (Piirto, 1992; Simonton, 2009). Este facto corresponde aos presentes resultados. Os presentes resultados questionam a visão do arquiteto criativo como psicologicamente conflituoso, como é por vezes referido na literatura (e.g., Barron, 1965, 1969; MacKinnon, 1961, 1962) e associam esta imagem mais ao estudante criativo de ciências sociais. Neste sentido, o perfil do estudante criativo de ciências sociais está em consonância com o perfil dos psicólogos eminentes, que apresentam algumas tendências psicopatológicas menores (Rushton, 1990). Para concluir, a presente investigação associou perfis criativos específicos a diferentes domínios da expressão criativa. Posteriormente, as três formas de expressão criativa (artística, científica e criatividade quotidiana) e os perfis cognitivos e conativos que lhes estão associados são considerados separadamente.

- H2: Para a criatividade artística dos arquitectos, espera-se uma correlação positiva entre o potencial criativo e a inteligência fluida (raciocínio lógico), a abertura, a força do ego (baixo neuroticismo) e o psicoticismo.

A criatividade artística foi investigada entre estudantes de arquitetura. O modelo inicial, inspirado na hipotética cadeia causal do ADN à criatividade (Eysenck, 1993), não pôde ser confirmado. A abertura e o psicoticismo não foram factores de previsão significativos para a criatividade. Com base nos resultados emergentes, foi proposto um modelo alternativo. Inspira-se na definição consensual de criatividade, que distingue entre originalidade e adaptação aos condicionalismos contextuais. Entre os arquitectos, o raciocínio lógico foi particularmente importante para o aspeto inovador da produção do desenho, enquanto a força do ego favoreceu a sua adaptação aos constrangimentos da tarefa. A importância da estabilidade emocional para o respeito pelo enquadramento da tarefa é intuitivamente plausível, uma vez que a força do ego contraria a impulsividade e os pensamentos dissociativos associados ao psiquismo (Eysenck, 1995). Evita que as pessoas façam desenhos "bizarros". Relativamente à inteligência fluida, esperava-se uma associação positiva tanto com a originalidade como com a adaptação. De facto, a teoria triárquica da inteligência humana (Sternberg, 1985) inclui a noção de adaptação contextual flexível. A imagem do arquiteto psicologicamente conflituoso, que combina psicoticismo e força do ego, não foi confirmada. No caso presente, os arquitectos encarnavam uma forma muito saudável de criatividade, caracterizada por uma inteligência fluida e estabilidade emocional.

- H3: Relativamente à criatividade científica dos cientistas sociais, espera-se uma correlação positiva entre o potencial criativo e a inteligência (fluida e cristalizada), a abertura, a força do ego (baixo neuroticismo), a introversão, a baixa agradabilidade e o psicoticismo.

Como segunda forma principal de expressão criativa, a criatividade científica foi investigada entre estudantes de ciências sociais. Como esperado, a inteligência (raciocínio lógico e fluidez verbal) foi o fator de previsão mais importante para a criatividade científica. No que respeita à personalidade, a agradabilidade negativa previa o pensamento divergente, enquanto a abertura favorecia o pensamento convergente. Assim, os cientistas sociais criativos revelaram-se pessoas inteligentes e abertas que, ocasionalmente, podem ser desagradáveis. Os resultados estabelecidos estão em conformidade com os resultados empíricos sobre o perfil dos criadores científicos (Feist, 1998; Feist, 1999; Feist & Gorman, 1998). O perfil criativo revelado para as ciências sociais corresponde ao das ciências "duras", tal como sugerido por Batey e Furnham (2006), e o perfil criativo dos estudantes de ciências sociais está em linha com o de eminentes psicólogos (Simonton, 2002, 2013). Apesar das semelhanças óbvias entre o perfil criativo esperado e o resultante, registaram-se também algumas divergências. A força do ego, a introversão e o psicoticismo estiveram menos envolvidos no processo criativo científico do que o esperado. Isto pode dever-se ao facto de a presente amostra não incluir psicólogos eminentes, como foi o caso em investigações anteriores. No presente estudo, foi feita a primeira tentativa de validação do teste de criatividade científica em psicologia. A sua validade de constructo foi apoiada pelas relações emergentes entre criatividade e inteligência ou, respetivamente, traços de personalidade que teoricamente se espera que estejam associados à criatividade científica. A validade convergente foi estabelecida através de correlações fracas mas consistentemente positivas com o teste de desenho (TCT-DP).

- H4: Para a criatividade quotidiana na população em geral, espera-se uma correlação positiva entre o potencial criativo e a inteligência (fluida e cristalizada), a abertura, a força do ego (baixo neuroticismo), a extroversão, a agradabilidade e a conscienciosidade.

A terceira forma principal de expressão criativa analisada foi a criatividade quotidiana. O objetivo da presente investigação era completar o modelo de Jauk, Benedek, & Neubauer (2014), acrescentando mais preditores de personalidade. No entanto, o modelo não pôde ser estendido e a abertura permaneceu o único preditor de personalidade da criatividade quotidiana como uma pontuação de soma. A abertura também foi o único preditor que foi significativo em todas as disciplinas separadas, com exceção da ciência. Isto confirma o papel fundamental da abertura na criatividade quotidiana. No entanto, dependendo do domínio do envolvimento criativo, a conscienciosidade e o neuroticismo negativo também tiveram um efeito adicional. A concordância e a extroversão não foram consideradas preditoras da criatividade quotidiana. A principal diferença entre os modelos sugeridos e os modelos resultantes foi que a inteligência não previu a criatividade quotidiana como uma pontuação total. No entanto, foi um fator de previsão significativo da criatividade quotidiana nas artes plásticas, na escrita e nas artes performativas. O efeito da idade foi controlado e a sua possível interação com a inteligência foi testada. Assim, o efeito da idade não pode justificar a falta de ligação entre a inteligência e a criatividade quotidiana. Com base nestes resultados, pode concluir-se que a inteligência não é uma condição absoluta para a criatividade quotidiana. Isto significa que a criatividade quotidiana é acessível a qualquer pessoa suficientemente aberta para se envolver em actividades criativas e, por conseguinte, não é exclusiva da elite intelectual.

7. Conclusão e perspectivas

A abordagem diferencial (híbrida) da criatividade, que sugere uma influência estável da inteligência e da abertura ao longo das diferentes formas de expressão criativa e uma influência mais específica do domínio de outros traços de personalidade (Batey & Furnham, 2006; Lubart & Sternberg, 1995), foi apoiada. A força do ego teve a influência mais específica do domínio, uma vez que a sua direção mudou em função da população. Contrariamente ao esperado, a força de ego esteve envolvida positivamente na criatividade artística e negativamente na criatividade científica. Assim, em relação aos perfis típicos de criatividade em diferentes domínios (Batey & Furnham, 2006), o perfil criativo "artístico" foi apresentado por arquitectos, o perfil criativo "científico" por cientistas sociais e o perfil criativo "quotidiano" por pessoas da população em geral. Como esperado, o perfil criativo quotidiano foi encontrado entre as pessoas da população em geral. Caracterizou-se principalmente por uma elevada abertura e, em menor grau, por uma elevada inteligência fluida. Para concluir, esta investigação estabeleceu perfis criativos específicos em relação a diferentes domínios da expressão criativa. As três formas de expressão criativa atualmente analisadas podem ser relacionadas com diferentes modelos teóricos de criatividade: (a) o modelo de tipos criativos e perfis criativos introduzido por Karwowski (2013) e (b) a superfície de correlação de psicopatologia e força do ego de Eysenck (1995). O objetivo é criar um modelo universal através da combinação de diferentes perspectivas teóricas. Este modelo inclui caraterísticas cognitivas, conativas e ambientais que podem dar origem a quatro formas de expressão criativa. A sua validação empírica poderá ser objeto de investigação futura.

O perfil criativo "artístico", atualmente encontrado nos estudantes de ciências sociais, pode ser relacionado com a criatividade rebelde na teoria de Karwowski (2013) e com a criatividade patológica na teoria de Eysenck (1995). Esta forma de expressão criativa é também conhecida como o lado negro da criatividade em McLaren (1993). Relativamente aos estilos cognitivos - adaptação versus inovação - em Kirton (1987), assume-se uma associação mais forte com o estilo inovador. É importante lembrar que, de acordo com Kirton (1987), ambos os estilos cognitivos podem potencialmente favorecer a criatividade, embora de formas diferentes. No que diz respeito ao ambiente desenvolvimental, Karwowski (2013) associou esta forma de expressão criativa a um ambiente familiar bastante frio e impessoal, com um elevado estatuto socioeconómico. Atualmente, este lado negro da criatividade foi encontrado nos estudantes de ciências sociais. A sua criatividade foi associada a um elevado neuroticismo e psicoticismo e a uma baixa agradabilidade e força do ego. Estas caraterísticas indicam uma baixa estabilidade emocional, um baixo controlo dos impulsos e uma baixa sociabilidade. Isto faz com que seja questionável se os estudantes criativos de ciências sociais são adequados para carreiras clínicas ou carreiras como assistentes sociais. As carreiras académicas parecem ser mais aconselháveis para estes estudantes, especialmente porque a criatividade é uma vantagem inegável na investigação. O perfil criativo "científico", atualmente presente nos arquitectos, poderá estar associado à criatividade subordinada na teoria de Karwowski (2013). Relativamente aos estilos cognitivos de Kirton (1987), é expetável uma maior associação com o estilo adaptativo. De facto, segundo Karwowski (2013), a inovação genuína é questionável nesta forma de expressão criativa.

Relativamente aos traços de personalidade, Karwowski (2013) antecipou uma associação com a feminilidade, enquanto Batey e Furnham (2006) anteciparam uma associação com elevada conscienciosidade e estabilidade emocional. Ao nível das condições de desenvolvimento, Karwowski (2013) estipulou uma associação com o baixo estatuto socioeconómico. Assumimos uma relação com a migração porque esta não está apenas ligada a um baixo estatuto socioeconómico, mas também a um elevado evitamento da incerteza (deVries, 2012), que decorre do processo de aculturação (deVries, Kirsch, & Furnham, 2014). A elevada evitação da incerteza, por sua vez, tem um impacto negativo no potencial criativo (Zenasni, Besançon & Lubart, 2008), que, no caso presente, se pensa não ser completamente suprimido, mas canalizado na forma subordinada. Esta forma de expressão criativa foi encarnada pelos arquitectos, cuja criatividade se baseou na inteligência fluida e na força do ego. Obviamente, um arquiteto profissional necessita de uma elevada estabilidade emocional e de uma forma canalizada de criatividade para se adaptar às leis da física, ao ambiente em que o edifício se insere e aos desejos do cliente. Estas exigências restringem a sua expressão criativa e limitam o carácter verdadeiramente inovador dos seus projectos de construção. Aparentemente, a inteligência e a força do ego favorecem o sucesso dos estudos no domínio da arquitetura, que, segundo Piirto (1992), se situa na intersecção entre as artes e as ciências. O perfil criativo "quotidiano", representado por pessoas da população em geral, pode ser associado à forma auto-actualizada da criatividade na teoria de Eysenck (1995) ou Karwowski (2013). A criatividade quotidiana, também conhecida como "little-c" (Plucker et al., 2004), foi relacionada com a egostrength por Eysenck (1995) e com a extroversão, abertura e agradabilidade por Batey e Furnham (2006). Karwowski (2013) considerou que esta forma de expressão criativa se refere a um estilo de vida criativo estimulado pela inspiração e curiosidade, que é especialmente bem demonstrado por pessoas que cresceram em ambientes amorosos. Atualmente, as pessoas da população em geral encarnam o protótipo da pessoa auto-actualizada. Os seus perfis criativos assentavam sobretudo na abertura e, em menor grau, na inteligência e na força egóica. No entanto, a influência da extroversão e da amabilidade não foi confirmada. Em conjunto, na presente investigação, apenas os traços "positivos" foram considerados envolvidos na criatividade quotidiana, ou seja, a abertura, a força do ego, a conscienciosidade e o baixo neuroticismo. Não houve indícios da presença de tendências psicopatológicas menores nos criadores do quotidiano, o que não é coerente com Richards (1990) e Kinney et al. (2000-2001). No entanto, está em linha com os resultados de Silvia et al. (2014), em que nem os estados "negativos" (por exemplo, sentimentos momentâneos de raiva, stress e autoconsciência) nem os traços (por exemplo, neuroticismo) foram encontrados para prever a criatividade quotidiana.

De acordo com Karwowski (2013), a criatividade complexa resulta da unificação de todas as capacidades e traços criativos numa só pessoa. Estes criadores de sucesso são frequentemente filhos primogénitos. Esta forma eminente de criatividade é também conhecida como "Big-C" (Terman, 1924; Shurkin, 1992). Na superfície de correlação da psicopatologia e da força do ego de Eysenck (1995), esta pode ser relacionada com o quadrante da criatividade, que reúne o psicotismo e a força do ego. No que diz respeito aos perfis típicos de criatividade em diferentes domínios delineados por Batey e Furnham (2006), a criatividade eminente pode resultar da expressão simultânea de todos os traços criativos numa pessoa. Teoricamente, isto deveria dar origem ao domínio da criatividade artística, da criatividade científica e da criatividade quotidiana. Na presente investigação, não se observou diretamente o perfil criativo complexo, o que pode resultar do facto de as presentes amostras não incluírem criadores eminentes. Relativamente aos perfis criativos delineados por Batey e Furnham (2006), cada amostra representou um perfil específico, ainda que os perfis "artístico" e "científico" esperados se tenham invertido. Não foi identificada a presença simultânea de psicoticismo e ego-strength pressuposta por Eysenck (1995). No entanto, os psicólogos criativos demonstraram a presença simultânea de autonomia, perseverança, vontade de correr riscos e baixa força do ego. Em particular, a combinação de uma elevada autonomia e de uma baixa força do ego pode parecer contraditória, uma vez que se verifica normalmente uma correlação positiva entre ambas. Foi também o que aconteceu na presente investigação, com exceção da subamostra de psicólogos. Isto significa que os psicólogos criativos são os que mais se aproximam do perfil da criatividade complexa. Parecem encarnar o protótipo da pessoa criativa. Para além disso, os cientistas sociais criativos (incluindo os psicólogos) também apresentaram um perfil criativo muito "completo", porque reuniram muitas caraterísticas diferentes. O seu perfil caracterizava-se por uma elevada inteligência, abertura, neuroticismo e psicoticismo e uma baixa força do ego, agradabilidade e autonomia. No entanto, em contraste com a subamostra de psicólogos criativos, o seu perfil não incorporava qualquer contradição aparente. A investigação futura poderá ter como objetivo identificar e explorar melhor o complexo perfil criativo, recorrendo a criadores eminentes que tenham demonstrado socialmente o seu elevado potencial criativo.

Referências

Amabile, T. M. (1982). Psicologia social da criatividade: Uma técnica de avaliação consensual. *Journal of Personality and Social Psychology, 43*(5), 997-1013. doi:10.1037/0022-3514.43.5.997

Amabile, T. (1983). A psicologia social da criatividade: A componential conceptualization. *Journal of Personality and Social Psychology, 45*, 357-376.

Baer, J. (1993). *Pensamento divergente e criatividade: A task-specific approach*. Hillsdale, NJ: Lawrence Erlbaum.

Baer, J. (1994a). O pensamento divergente não é uma caraterística geral: A multi-domain training experiment. *Creativity Research Journal, 7*, 35-46. doi:10.1080/10400419409534507

Baer, J. (1994b). Generalidade da criatividade nos domínios de desempenho: A replication. *Percetual and Motor Skills, 79*(3), 1217-1218.

doi:10.2466/pms.1994.79.3.1217

Baer, J. (1997). Diferenças de género nos efeitos da avaliação antecipada sobre a criatividade. *Creativity Research Journal, 10*(1), 25-31. doi:10.1207/s15326934crj1001_3

Baer, J., & Kaufman, J. C. (2005). A ponte entre generalidade e especificidade: O modelo teórico de criatividade do parque de diversões (APT). *Roeper Review, 27*(3), 158-163.

doi:10.1080/02783190509554310

Barron, F. (1965). The psychology of creativity. Em T. Newcomb (Ed.), *New diretions in psychology II* (pp. 3-134). Nova Iorque: Holt, Rinehart & Winston.

Barron, F. (1969). *Creative person and creative process*. Nova Iorque: Holt, Rinehart & Winston.

Batey, M., & Furnham, A. (2006). Creativity, intelligence, and personality: A critical review of the scattered literature. *Genetic, Social, and General Psychology Monographs, 132*(4), 355-429. doi:10.3200/MONO.132.4.355-430

Batey, M., Chamorro-Premuzic, T., & Furnham, A. (2009). Inteligência e personalidade como factores de previsão do pensamento divergente: O papel da inteligência geral, fluida e cristalizada. *Thinking Skills and*

Creativity, *4*(1), 60-69. doi:10.1016/j.tsc.2009.01.002

Batey, M., Furnham, A., & Safiullina, X. (2010). Inteligência, conhecimento geral e personalidade como preditores de criatividade. *Learning and Individual Differences*, *20*(5), 532535. doi: 10.1016/j.lindif.2010.04.008

Beaty, R. E., Silvia, P. J., Nusbaum, E. C., Jauk, E., & Benedek, M. (2014). Os papéis dos processos associativos e executivos na cognição criativa. *Memória e Cognição*, *42*(7), 1186-1197. doi:10.3758/s13421-014-0428-8

Beghetto, R. A., & Kaufman, J. C. (2007). Toward a broader conception of creativity: A case for" mini-c" creativity. *Psychology of Aesthetics, Creativity, and the Arts*, *1*(2), 73-79. doi:10.1037/1931-3896.1.2.73

Benedek, M., Jauk, E., Sommer, M., Arendasy, M., & Neubauer, A. C. (2014). Inteligência, criatividade e controle cognitivo: O envolvimento comum e diferencial das funções executivas na inteligência e na criatividade. *Inteligência*, *46*, 73-83. doi: 10.1016 / j.intell.2014.05.007

Binet, A., & Henri, V. (1896). La psychologie individuelle. *L'Année Psychologique, 2,* 411465.

Boden, M. A. (1994). O que é a criatividade? Em M. A. Boden (Ed.), *Dimensions of creativity* (pp. 75-118). Cambridge, MA: MIT Press.

Colman, A. M. (Ed.). (2001). *Um dicionário de psicologia* (2.ª ed.). Oxford, Reino Unido: Oxford University Press.

Costa, P. T., & McCrae, R. R. (1985). *NEO-PI: Inventário de personalidade NEO* [Manual]. Odessa, FL: Psychological Assessment Resources.

Costa, P. T., & McCrae, R. R. (1989). *NEO-PI/FFI: Inventário de personalidade NEO / inventário de cinco factores* [Suplemento ao manual]. Odessa, FL : Psychological Assessment Resources.

Costa, P. T., & McCrae, R. R. (1992). *NEO-PI-R: Inventário de personalidade NEO revisto e NEO-FFI: NEO five-fator inventory* [Manual profissional]. Odessa, FL: Psychological Assessment Resources.

de Vries, H. (2012, julho). *Um estudo piloto: Ambiguity/uncertainty avoidance in Luxemburgish and Dutch multicultural school classes.* Sessão de posters apresentada na reunião do Centro Internacional para a Inovação na Educação (ICIE), Jerusalém.

de Vries, H., Kirsch, C., & Furnham, A. (2014). Diferenças culturais na criatividade: The role of immigration. *Journal of Talent Development and Creativity, 2*(2), 41-51.

Dietrich, A. (2004). A neurociência cognitiva da criatividade. *Psychonomic Bulletin e Review, 11*(6), 1011-1026. doi:10.3758/BF03196731

Eysenk, H. J. (1993). Criatividade e personalidade: Sugestões para uma teoria. *Psychological Inquiry , 4*(3), 147-178. doi:10.1207/s15327965pli0403_1

Eysenck, H. J. (1995). *Genius: The natural history of creativity.* Cambridge: Cambridge University Press.

Eysenck, H. J., & Eysenck, M. W. (1985). *Personalidade e diferenças individuais: A natural science approach.* Nova Iorque: Plenum Press.

Feist, G. J. (1998). A meta-analysis of personality in scientific and artistic creativity (Uma meta-análise da personalidade na criatividade científica e artística). *Personality and Social Psychology Review, 2*(4), 290-309. doi:10.1207/s15327957pspr0204_5

Feist G. J. (1999). O afeto na criatividade artística e científica. Em S. W. Russ (Ed.), *Affect, creative experience and psychological adjustment* (pp. 9-108). Philadelphia: Taylor & Francis.

Feist, G. J., & Barron, F. X. (2003). Predicting creativity from early to late adulthood: Intellect, potential, and personality. *Journal of Research in Personality, 37*(2), 62-88. doi:10.1016/S0092-6566(02)00536-6

Feist, G. J., & Gorman, M. E. (1998). A psicologia da ciência: Revisão e integração de uma disciplina nascente. *Review of General Psychology*, *2*(1), 3-47. doi:1037/1089- 2680.2.1.3

Fidelman, M. (2008). Dois caminhos diferentes para a criatividade. *Revista Eletrónica de Investigação em Psicologia da Educação, 6* (1), 1-28.

Freud, S. (1908/1959). Creative writers and day-dreaming (Escritores criativos e devaneios*).* Em J. Strachey (Ed. & Trans.), *The standard edition of the complete psychological works of Sigmund Freud* (Vol. 9, pp. 419-428). Londres: Hogarth Press.

Friedman, R. S., & Forster, J. (2002). The influence of approach and avoidance motor actions on creative cognition. *Journal of Experimental Social Psychology, 38*(1), 41-55.

doi:10.1006/jesp.2001.1488

Furnham, A., & Bachtiar, V. (2008). Personalidade e inteligência como factores de previsão da criatividade. *Personality and Individual Differences*, *45*(7), 613-617. doi:10.1016/j.paid.2008.06.023

Furnham, A., Batey, M., Anand, K., & Manfield, J. (2008). Personalidade, hipomania, inteligência e criatividade. *Personality and Individual Differences*, *44*(5), 1060-1069. doi:10.1016/j.paid.2007.10.035

Furnham, A., Crump, J., Batey, M., & Chamorro-Premuzic, T. (2009). Preditores de personalidade e capacidade do teste "Consequências" do pensamento divergente numa grande amostra não-estudantil. *Personality and Individual Differences*, *46*(4), 536-540. doi:10.1016/j.paid.2008.12.007

Gardner, H. (1983). *Frames of mind: A teoria das inteligências múltiplas*. Nova Iorque: Basic Books.

Gardner, H. (1988). A criatividade: Uma perspetiva interdisciplinar. *Creativity Research Journal*, *1*(1), 8-26. doi:10.1080/10400418809534284

Gardner, H. (1993). *Criando mentes: Uma anatomia da criatividade vista através das vidas de Freud, Einstein, Picasso, Stravinsky, Eliot, Graham e Gandhi.* Nova Iorque: Basic Books.

Gray, C. E. (1966). Uma medida da criatividade na civilização ocidental. *American Anthropologist*, *68*(6), 1384-1417. doi:10.1525/aa.1966.68.6.02a00030

Guilford, J. P. (1950). Creativity. *American Psychologist, 5*(9), 444-454.

Guilford, J. P. (1967). Creativity: Yesterday, today and tomorrow. *The Journal of Creative Behavior*, *1*(1), 3-14.

Guilford, J. P. (1968). *Intelligence, creativity, and their educational implications*. San Diego: RR Knapp.

Jauk, E., Benedek, M., & Neubauer, A. C. (2014). O caminho para a realização criativa: Um modelo de variável latente de habilidade e preditores de personalidade. *European Journal of Personality*, *28*(1), 95-105. doi:10.1002/per.1941

Jung, R. E., Segall, J. M., Bockholt, H. J., Flores, R. A., Smith, S. M., Chavez, R. S., & Haier, R. J. (2010). Neuroanatomia da criatividade. *Human Brain Mapping*, *31*(3), 398-409. doi:10.1002/hbm.20874

Karwowski, M. (2013, agosto). *Tipos e perfis de criatividade: Rumo a uma integração teórica.* Sessão de comunicações apresentada na 32ª Conferência Internacional de Investigação em Ciências Humanas IHSRC, Aalborg, Dinamarca.

Kaufmann, G. (1993). O conteúdo e a estrutura lógica dos conceitos de criatividade: Uma investigação sobre os fundamentos conceptuais da investigação sobre criatividade. Em S.G. Isaksen, M. Murdock, R. Firestien, & D. Treffinger (Eds.), *Understanding and recognizing creativity: The emergence of a discipline* (pp. 141-157). Norwood, NJ: Ablex.

Kaufman, J. C., & Baer, J. (2004). Claro, sou criativo - mas não em matemática! Self-reported creativity in diverse domains. *Empirical Studies of the Arts*, *22*(2), 143-155.

doi:10.2190/26HQ-VHE8-GTLN-BJJM

Kaufman, J. C., & Baer, J. (Eds.). (2005). *Creativity across domains: Faces of the muse*. Hillsdale, NJ: Erlbaum.

Kaufman, J. C., & Beghetto, R. A. (2009). Para além do grande e do pequeno: The four c model of creativity. *Review of General Psychology*, *13*(1), 1-12. doi:10.1037/a0013688

Kim, K. H. (2005). Só as pessoas inteligentes podem ser criativas? A meta-analysis. *Prufrock Journal*, *16*(2-3), 57-66. doi:10.4219/jsge-2005-473

Kinney, D. K., Richards, R., Lowing, P. A., LeBlanc, D., Zimbalist, M. E., & Harlan, P. (2000-2001). Creativity in offspring of schizophrenic and control parents: Um estudo de adoção. *Creativity Research Journal*, *13*(1), 17-25. doi:10.1207/S15326934CRJ1301_3

Kirton, M. J. (1987). Adaptadores e inovadores: Cognitive style and personality. Em S. Isaksen (Ed.), *Frontiers of creativity research: Beyond the basics* (pp. 282-304). Buffalo, NY: Bearly Limited.

Lubart, T. I. (1999). Componential models. Em M. A. Runco & S. R. Pritzker (Eds.), *Encyclopedia of creativity* (Vol. 1, pp. 295-300). San Diego: Academic Press.

Lubart, T. I., & Guignard, J. H. (2004). A especificidade geral da criatividade: Uma abordagem multivariada. Em R. J. Sternberg, E. L. Grigorenko, & J. L. Singer (Eds.), *Creativity: From potential to realization* (pp. 43-56). Washington, DC: American Psychological Association. doi:10.1037/10692-004

Lubart, T. I., & Sternberg, R. J. (1995). Uma abordagem de investimento à criatividade: Teoria e dados. Em S. M. Smith, T. B. Ward, & R. A. Finke (Eds.), *The creative cognition approach* (p.271-302). Cambridge, MA: MIT Press.

Lubart, T. I., Mouchiroud, C., Tordjman, S., & Zenasni, F. (2015). *Psychologie de la créativité*, [Psicologia da criatividade], Segunda Edição. Paris: Armand Colin.

MacKinnon, D. W. (1961). A criatividade nos arquitectos. Em D. W. MacKinnon (Ed.), *The creative person* (pp. 237-251). Berkeley: Universidade da Califórnia, Instituto de Investigação de Avaliação da Personalidade.

MacKinnon, D. W. (1962). The nature and nurture of creative talent (A natureza e a criação do talento criativo). *American Psychologist, 17*(7), 484-495. doi:10.1037/h0046541

McLaren, R. B. (1993). O lado negro da criatividade. *Creativity Research Journal*, *6*(1-2), 137144.

Mednick, S. A. (1962). A base associativa do processo criativo. *Psychological Review, 69*(3), 220-232. doi:10.1037/h0048850

Miron, E., Erez, M., & Naveh, E. (2004). As caraterísticas pessoais e os valores culturais que promovem a inovação, a qualidade e a eficiência competem ou complementam-se?

Journal of Organizational Behavior, *25*(2), 175-199. doi:10.1002/job.237

Nusbaum, E. C., & Silvia, P. J. (2011). Are intelligence and creativity really so different?: Inteligência fluida, processos executivos e uso de estratégia no pensamento divergente. *Intelligence*, *39*(1), 36-45. doi:10.1016/j.intell.2010.11.002

Piirto, J. (1992). *Understanding those who create (Compreender aqueles que criam).* Scottdale, AZ: Gifted Psychology Press.

Plucker, J. A. (1998). Cuidado com as conclusões simples: The case for content generality of creativity. *Creativity Research Journal*, *11*(2), 179-182. doi:10.1207/s15326934crj1102_8

Plucker, J. A. (2004). Generalização da criatividade entre domínios: Examination of the method effect hypothesis. *The Journal of Creative Behavior*, *38*(1), 1-12. doi:10.1002/j.2162- 6057.2004.tb01228.x

Plucker, J. A., & Beghetto, R. (2004). Porque é que a criatividade é um domínio geral, porque é que parece ser específica de um domínio e porque é que a distinção não é importante. Em R. J. Sternberg, E. L. Grigorenko,

& J. L. Singer (Eds.), *Creativity: From potential to realization* (pp. 153-167). Washington, DC: American Psychological Association.

Plucker, J. A., & Zabelina, D. (2009). Criatividade e interdisciplinaridade: Uma criatividade ou muitas criatividades? *ZDM Educação Matemática*, *41*(1-2), 5-11. doi:10.1007/s11858- 008-0155-3

Plucker, J. A., Beghetto, R. A., & Dow, G. T. (2004). Porque é que a criatividade não é mais importante para os psicólogos educacionais? Potenciais, armadilhas e direcções futuras na investigação sobre criatividade. *Educational Psychologist*, *39*(2), 83-96. doi:10.1207/s15326985ep3902_1

Richards, R. (1990). Everyday creativity, eminent creativity, and health (Criatividade quotidiana, criatividade eminente e saúde). *Creativity Research Journal, 3*, 300-326.

Richards, R. (1999a). A criatividade quotidiana. Em M. Runco & S. Pritzker (Eds.), *Encyclopedia of creativity* (Vol.1, pp. 683-687). San Diego, CA: Académica.

Richards, R. (1999b). Quatro Ps da criatividade. Em M. A. Runco & S. R. Pritzker (Eds.), *Encyclopedia of creativity* (Vol.1, pp. 733-742). San Diego, CA: Academic Press.

Root-Bernstein, R., & Root-Bernstein, M. (2004). Cientistas artísticos e artistas científicos: A ligação entre polimatria e criatividade. Em R. J. Sternberg, E. L. Grigorenko, & J. L.

Singer (Eds.), *Creativity: From potential to realization* (pp. 127-151). Washington, DC, EUA: American Psychological Association. doi:10.1037/10692-008

Runco, M. A., & Jaeger, G. J. (2012). A definição padrão de criatividade. *Creativity Research Journal*, *24*(1), 92-96.

Rushton, J. P. (1990). Creativity, intelligence, and psychoticism. *Personality and Individual Differences*, *11*(12), 1291-1298.

Sawyer, R. K. (2006). Group creativity: Musical performance and collaboration. *Psychology of Music*, *34*(2), 148-165. doi:10.1177/0305735606061850

Shurkin, J. N. (1992). *Terman's kids*. Boston: Little, Brown, and Company.

Silvia, P. J. (2008a). Criatividade e inteligência revisitadas: Uma análise de variável latente de Wallach e Kogan (1965). *Creativity Research Journal*, *20*(1), 34-39. doi:10.1080/10400410701841807

Silvia, P. J. (2008b). Um outro olhar sobre a criatividade e a inteligência: Exploring higher-order models and probable confounds. *Personality and Individual Differences*, *44*(4), 10121021. doi:10.1016/j.paid.2007.10.027

Silvia, P. J., Kaufman, J. C., & Pretz, J. E. (2009). Is creativity domain-specific? Modelos de classe latente de realizações criativas e auto-descrições criativas. *Psychology of Aesthetics, Creativity, and the Arts*, *3*(3), 139-148. doi:10.1037/a0014940

Silvia, P. J., Nusbaum, E. C., Berg, C., Martin, C., & O'Connor, A. (2009). Openness to experience, plasticity, and creativity (Abertura à experiência, plasticidade e criatividade): Exploring lower-order, high-order, and interactive effects. *Journal of Research in Personality, 43*(6), 1087-1090.

doi:10.1016/j.jrp.2009.04.015 doi:10.1037/a0035722

Silvia, P.J., Beaty, R.E., Nusbaum, E.C., Eddington, K.M., Levin-Aspenson, H., & Kwapil, T.R. (2014). Criatividade quotidiana na vida quotidiana: Um estudo de amostragem de experiência da criatividade "little c". *Psicologia da Estética, Criatividade e Artes,* 8(2), 183-188. doi:10.1037/a0035722

Simonton, D. K. (2002). *Os grandes psicólogos e o seu tempo: Scientific insights into psychology's history*. Washington, DC: American Psychological Association.

Simonton, D. K. (2009). Varieties of (scientific) creativity a hierarchical model of domainspecific disposition, development, and achievement [Variedades de criatividade (científica) - um modelo hierárquico de disposição, desenvolvimento e realização específicos do domínio]. *Perspectives on Psychological Science*, *4*(5), 441-452. doi:10.1111/j.1745-6924.2009.01152.x

Simonton, D. K. (2013). Criatividade em psicologia: Sobre tornar-se e ser um grande psicólogo. Em J. C. Kaufman & J. Baer (Eds.), *Creativity across domains: Face of the muse* (pp. 139-151). Nova Iorque: Psychology Press.

Sternberg, R. J. (1985). *Para além do QI: Uma teoria triárquica da inteligência humana*. Cambridge: Cambridge University Press.

Sternberg, R. J. (Ed.). (1999). *Handbook of creativity*. New York: Cambridge University Press.

Sternberg, R. J., & Lubart, T. I. (1991). An investment theory of creativity and its development. *Human Development, 34*(1), 1-31. doi:10.1159/000277029

Sternberg, R. J., & Lubart, T. I. (1995). *Desafiando a multidão: Cultivando a criatividade numa cultura de conformidade.* New York: Free Press.

Sternberg, R. J., Kaufman, J. C., & Pretz, J. E. (2002). *The creativity conundrum: A propulsion model of kinds of creative contributions*. Nova Iorque: Psychology Press.

Tamisier, J-C. (Ed.). (1999). *Grand dictionnaire de la psychologie* (2.ª ed.). Paris: Larousse- Bordas.

Terman, L. M. (1924). O teste mental como método psicológico. *Psychological Review*, *31*(2), 93-117. doi:10.1037/h0070938

Thurstone, L. L. (1938). *Primary mental abilities.* Chicago: University of Chicago Press.

Weisberg, R. W. (2006). *Creativity: Understanding innovation in problem solving, science, invention, and the arts [Compreender a inovação na resolução de problemas, na ciência, na invenção e nas artes*]. Nova Jersey: John Wiley & Sons.

Welsh, G. S. (1973). Perspectives in the study of creativity. *The Journal of Creative Behavior*, *7*(4), 231-246. doi:10.1002/j.2162-6057.1973.tb01095.x

Zenasni, F., Besançon, M., & Lubart, T. I. (2008). Criatividade e tolerância à ambiguidade: Um estudo empírico. *The Journal of Creative Behavior*, *42*(1), 61-73. doi:10.1002/j.2162-6057.2008.tb01080.x

MIX
Papier aus verantwortungsvollen Quellen
Paper from responsible sources
FSC® C105338

Printed by Books on Demand GmbH, Norderstedt / Germany